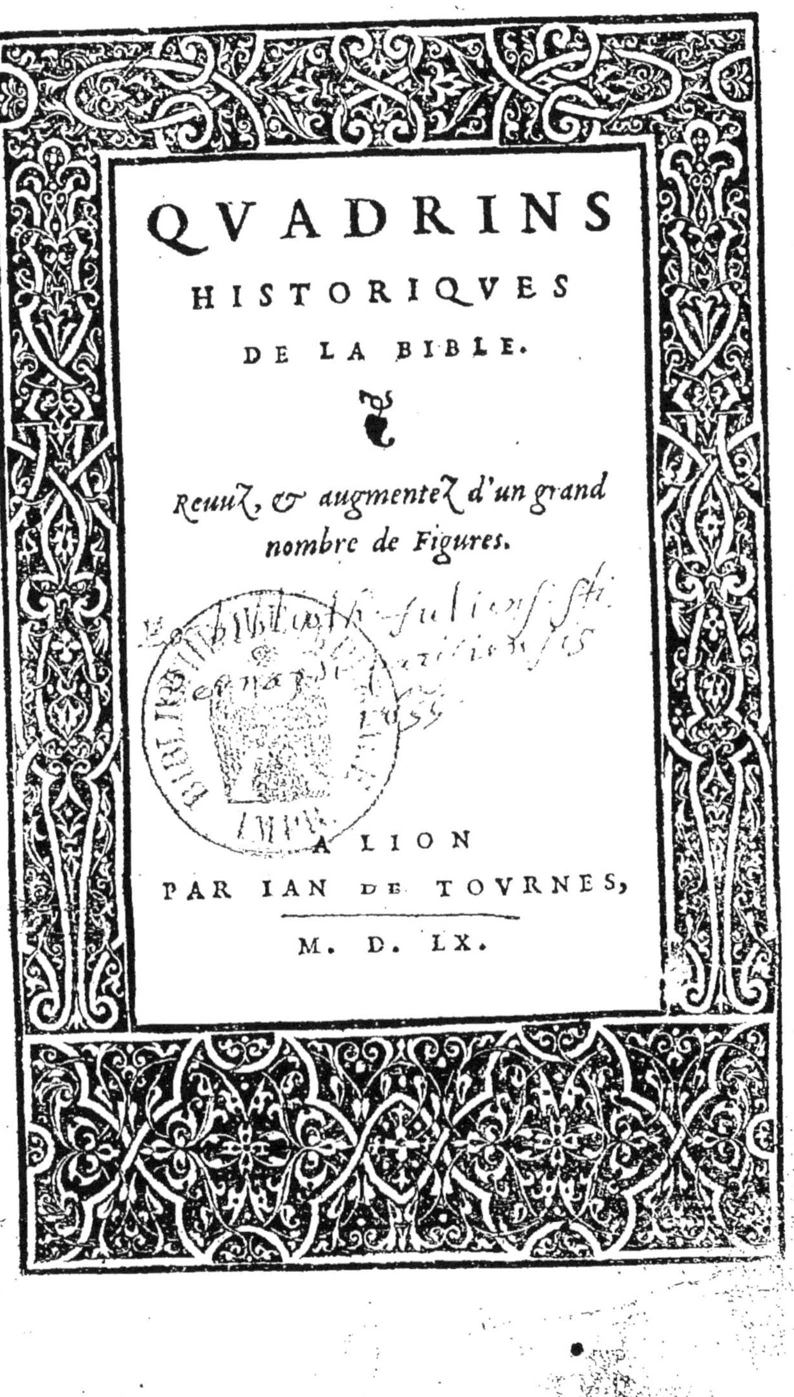

QVADRINS HISTORIQVES DE LA BIBLE.

Reuuz, & augmentez d'un grand nombre de Figures.

A LION
PAR IAN DE TOVRNES,

M. D. LX.

A tresreuerente Dame DAME IEANNE DE LA *Rochefoucaud, Abbesse de Nostre-dame de Xaintes, Claude Paradin S.*

*

CEUX qui ont assiz bon iugement sur toutes choses (tresreuerente Dame) ont escrit la Peinture & la Poësie auoir telle contraccion & contrectacion d'affinité ensemble, qu'ils disent la Peinture estre muette Poësie : & aussi la Poësie estre Peinture parlante. L'une est le corps, & l'autre est l'ame. Et à la verité l'une & l'autre ont quasi vn mesme effet & proprieté. Attendu que toutes deux resiouissent, repaissent, consolent & animent l'esprit à choses vertueuses : & d'auantage peuuẽt esmouuoir les passions & affeccions auec si grande vehemence, qu'il est impossible de pouuoir trouuer plus ardans & affeccionnez aguillons, que ceux qui incitent à la mort. Laquelle ha esté causee à plusieurs, tant par Peinture que Poëſie. Comme ſe peut voir par celle furieuſe Poëſie iambique d'Archilocus, par laquelle Lycambes fut tourné en telle rage, qu'il fut contreint de ſe precipiter en mer, du haut d'un rocher. Semblablement ſe peut voir par la confeſsion du docteur eccleſiaſtiq' S. Auguſtin, diſant, que la deſcripcion des amours de Dido, eſt repreſentee par Virgile tant naïuement, que ſouuent icelle lui ha amoli & deſtrempé le cœur de telle façon qu'elle lui tiroit les larmes des yeux. D'auantage n'eſt beſoing de reduire en memoire les chants numereux, & nombres Poëtiques du Muſicien d'Alexandre, leſquels eſtoient de telle efficace en leur reſonance, que par vne occulte faculté, & quaſi effectueuſe neceſsité, forçoient ledit Alexandre de ſoudeinement courir aux armes, & mettre armet en teſte, comme en vn effroy & alarme: nonoſtant qu'il fut à table, prenant joyeuſement ſon repas. Et auec tel enchantement poëtique, ſouuent donnoit ce paſſetems aux Princes de la court de ce jeune Monarque, lui eſchaufant le cœur du flambeau de fureur. Et au contraire (quand bon lui ſembloit) le chatouilloit & oingnoit de telle douceur, que quelque tranſporté de colere qu'il fuſt, ne failloit à le rendre plus doux qu'un Agneau. Et le tout faiſoit il, par miracle

Poëtiq

Poëtique, & faſcinacions de nombres. Quant au pouuoir de Peinture, lon peut conjecturer la puiſſance qu'elle vſurpe ſur les affeccions, puis que les maiſtres ouuriers meſmes y ont laiſſé la vie. Du nombre deſquels fut celui, qui ayant peint vne Vieille d'extreme laideur & diſgrace, eut telle admiracion de ſon ouurage, qu'il s'en print ſi fort, & de telle ſorte à rire, que ſoudeinement en mourut. Autres ont aymé des ſtatues de ſi grande beauté, qu'ils en ſont tombez en fureur & rage. Car non ſeulement elle rauit les hommes, ains auſſi les animaux irraiſonnables, dont les hiſtoires ſont par tout figurees. Donques, pour l'importance des Saintes Hiſtoires, qui eſt ſi grande, qu'elles ne deuroient eſtre ignorees de perſonne: nous auons choiſi certeins adminicules de Peinture, accompagnez de QVADRINS Poëtiques, tirez de la Bible, pour grauer en la table des affeccions, l'amour des ſacrees HISTOIRES, à celle fin que vn chacun fuſt induit à l'amour de ce SEVL ET VNIQVE NECESSAIRE, qui eſt la ſainte parole de Dieu. Eſperant que l'ingenieux artifice de la docte main du Peintre, ſupliera à l'imperfeccio͂ deſdis QVADRINS, & que le ſuget, aſſez de ſoy recommãdable, couurira les fautes de tous deux. Au reſte (madame) puis que, lon ha accoutumé

 de

de faire estime des choses, depuis qu'elles sont vne fois dedicees es Temples, i'espere que ce labeur amenera quelque reputacion, pour estre dedié & voué à vous: vray sacraire de religion, temple d'integrité, & oratoire du saint Esprit. Sur ce vous suppliant par ce peu de grein faire iugemẽt de tout le reste, contenu au grenier de mon bon vouloir, lequel s'appreste à en augmenter la quantité, selon que ce seul commencement vous sera aggreable.

SONNET.

Approchez vous Estomacs chaleureux,
Qui digerez tout ce que lon vous donne,
Conuertissans toute viande, en bonne:
Venez ici pour estre bienheureux.
Mais vous pourris, Estomacs doloreux
Qui vomissez (tant estes à malaise)
La chose, encor quelle ne soit mauuaise,
Dont ne trouuez rien bon ne sauoreux,
Guerissez vous, auant que d'approcher
Cest aliment, quil ne vous faut toucher,
Que ne soyez tous confortez & sains.
Puis quand serez bien fermes & dispoz,
Ne craingnez point prendre ces saints propoz:
Qui vous rendront es Cieux auec les Saints.

L'IMPRIMEVR AV LECTEVR.

L'AFFECCION *mienne tousiours enuers toy entierement syncere, Ami Lecteur, estant continuellement commandee du deuoir de ma professio̅n, ne peut nõ iournellement s'estudier de te satisfaire en la part que tu desires & attens en ma vacacion: laquelle, pour te complaire, ie desirerois estre à ma volonté aussi libre & licencieuse en son estendue, comme elle est par le malheur du temps restreinte et abregee. Restreinte elle est vrayement, non de soy, mais par la diuersité des cerueaux d'auiourdhui, les vns tendres & delicats, les autres trop rudes et grossiers, & les derniers trop estrangement differens de ces deux scrupuleux & obstinez: de sorte, qu'autãt me vaudroit rouler la pierre de Sisyphus, que de cuider satisfaire à si grand nombre de gens remplis de variables & diuerses opinions, que le siecle present soutient: delaisse l'ingratitude & moquerie, dont tout est plein. Toutesfois faisant diligen-*

ce &

ce & deuoir, d'illustrer nostre langue Gallique en toute sorte, selon mon petit pouuoir & entendement, connoissant aussi que brieueté est accompagnee de bonne grace, à fin de mieux retenir en ton cœur les grans & admirables euures & miracles de nostre Dieu, Createur et conseruateur de toutes choses, i'ay tasché de te plaire en cestui labeur, qui est la representaciō de la sainte Bible, à celle fin que, si tu n'as le loisir de lire & iouir de la lettre comme tu desirerois, tu puisses pour le moins tapisser les chambres de ta memoire des figures d'icelle, & plus honnestement, selon nous, que tu ne fais les chambres & salles de ta maison des histoires ethniques, parainsi mal couuenantes à fideles. Et quand ce ne seroit que pour tesmoignage, et te reduire à memoire, que tout le Vieil testamēt n'estoit que l'image, et figure de celui, que nous tenons, ie le t'ay bien voulu figurer ici: à celle fin aussi que ayant souuent deuant tes yeux l'Histoire de la vie des saints Patriarches, tu puisses si bien conformer la tienne à leur exemple, qu'elle soit à l'accompliment de la volonté de Dieu, et de ton salut. Ainsi soit.

Prologue.

Le liure de Geneſe eſt appelé en Hebrieu Bereſith, qui eſt autant à dire comme, Au Commencement : pource que les Hebrieux auoient de coutume d'intituler leurs liures par le premier mot d'iceux. En Grec il eſt dit Geneſis, c'eſtadire Generacion : à cauſe qu'en icelui eſt contenu l'origine du Monde, & de toutes les creatures contenues en icelui. Enſemble le deluge, l'Arche de Noë, la confuſion des langues, l'ejeccion du Peuple de Dieu, & comme il deſcendit en Egypte. Qui ſont certes aſſez amples teſmoignages de l'infinie & indicible puiſſance de noſtre ſouuerein Signeur.

GENESE I.

Dieu, au commencement, Cieux, & Terre crea,
Clarté, Astres et Eaux, Animaux et Verdure:
Tout celà voyant bon, outre lui aggrea,
De creer l'Homme Adam, en humaine nature.

D'esprit viuant, Dieu Adam viuifie:
Lui permettant, pour le bien secourir,
Manger tous Fruits, hors mis celui de Vie,
Qu'il lui defend sur peine de mourir.

GENESE II.

Le Signeur Dieu print vne Cote entiere
Du corps d'Adam, le faiſant ſommeiller,
Et en forma Eue femme premiere,
Qu'il lui monſtra venant à s'eſueiller.

GENESE III.

Le faux Serpent, à tromper entendu,
Vint finement, à Eue se renger,
Et tourna tant, que du Fruit defendu
Elle, & Adam, se prindrent à manger.

Mangeans ce Fruit, furent leurs yeux ouuerts,
Dont ſe trouuans honteux de leur nature,
Couzirent lors des fueillages tous vers
D'un beau Figuier : pour faire couuerture.

Lors commençans de peché les malheurs,
L'homme ſon pain mange en ſueur & peine:
La femme auſſi enfante en grands douleurs,
Et le Serpent ſur ſon ventre ſe treine.

Cain offrant des fruits du labourage,
N'est pas reçu, priué d'integrité:
Mais Dieu, d'Abel regarde le courage,
Et son present : pour sa simplicité.

Cain occit Abel, par grande offense,
N'ayant respect à son frere germein:
Duquel le sang en sa pure innocence,
Cria à Dieu, de ce meurtre inhumein.

Le grand deluge à Noé Dieu predit,
Lui conſeillant ſa grand' arche former:
Puis y entrer, & tout ce qu'il lui dit,
Ayant conclu toute chair conſumer.

GENESE VII.

Les plus hauts monts de grand'eau ſont couuerts:
L'arche eſt en l'air, qui flote deſſus l'onde:
Tous les canaus du Ciel ſe ſont ouuerts,
Qui font noyer tout corps terreſtre au monde.

Noé laſchant de l'arche le Corbeau,
Par lui ne ſcet s'il ſe void ſond ni riue:
Mais il connoit la retraite de l'eau,
Lui aportant la Colombe l'Oliue.

En terre issu son autel edifie,
De pur betail fait immolacion.
Dieu lui promet qu'onques iour de la vie,
Homme ne voit telle inondacion.

Dont auec tous presenz & à venir,
Fait bon accord & parfaite aliance:
Qu'il veut finer, pour mieus s'en souuenir,
De l'Arc en ciel, qu'il met en euidence.

Cam est maudit de ses freres seruir,
Pour n'auoir tù de son Pere la honte:
Sem, & Iaphet ne l'ont voulu suiuir,
Dont sont beniz pour en faire autre conte.

GENESE XI.

Du bon Noé la generacion,
Dressant la tour Babel tant merueilleuse,
En son parler tombe en confusion:
Dieu empeschant l'entreprinse orguilleuse.

De ſon païs, Abraham ſe depart,
Obeïſſant à Dieu: qui lui commande
De s'en aller en Chanaan, la part
Que lors promet à ſa lignee grande.

Tant d' Abraham, & de Loth, croit l'auoir,
Mesmes en grans troupeaus & bergerie:
Que leurs bergers, ne pouuans place auoir,
Se font les uns aus autres facherie.

Pour viure en paix, (necessaire à tout homme)
Sont lors contreinz, & Lot, & Abraham
De se laisser : le neueu en Sodome,
Demeure adonq, & l'oncle en Chanaan.

Cinq Rois faisans à quatre autres la guerre,
Les quatre sont veincus en leur quartier.
Dont est à sac de Sodome la terre:
Et le bon Loth emmené prisonnier.

Lors Abraham, auerti de l'affaire,
(Dieu permettant) reprend Loth & recourt:
Femmes, & biens, rauis par l'aduersaire,
Le dechassant, lui fait rendre tout court.

Melchiſedec pain & vin preſenta
A Abraham en benediccion:
Lequel du grand butin qu'il aporta,
Lui diuiſa le dime en porcion.

GENESE XIIII.

Des Sodomois le Roy, ses gens demande
A Abraham, lui quittant l'autre bien:
Mais Abraham, voulant bien qu'il entende
Qu'il ha assez pour soy, lui rend le sien.

GENESE XVI.

Quand d'Abraham Agar ſe vid enceinte,
Sara (pour lors ſterile) meſpriſa,
Dont mal lui print : car elle fut contreinte
De deſloger, tant on la maitriſa.

GENESE XVI.

Dens le desert, le Signeur lui adresse
L'Ange, disant, va toy humilier
Agar, deuant ta dame & ta maitresse:
Car tes enfans ie veus multiplier.

Le Dieu puissant Abraham certifie
D'auoir vn fils, & par succeßion,
Naitre des Rois de sa race infinie,
Puis lui enioint la Circoncision.

Des Sodomois, predisent les trois Anges
A Abraham toute perdicion:
Il prie Dieu pour leurs vices estranges,
Dont il ne prend nulle compassion.

Les Sodomois, pour les Anges ſurprendre,
De ſaire effort chez Loth ſont grand deuoir:
Mais aueuglez les Anges les vont rendre,
Si que depuis perſonne n'ont pû voir.

Quand Dieu prenoit de Sodome vengeance,
Loth n'y tourna, ne ses filles la vuë:
Sa femme adonq, par inobedience,
Se retournant, de sel deuint statue.

GENESE XIX.

Auecques Loth, ſes deus filles entrerent
Dedens un creus, ou ſe voyans contreintes,
Pour conſeruer ſa race, l'enyurerent:
Si que de lui elles furent enceintes.

Abimelec veut detenir la femme
A Abraham, que par force ha rauie:
Mais Dieu lui fait rendre la bonne dame,
Le menaçant de terminer ſa vie.

GENESE XXI.

Sara ſe pleint d'Iſmael qui s'esbat
Auec ſon filz Iſaac trionſant:
Dont Abraham, pour euiter debat,
En ſait aller Agar & ſon enſant.

Sous l'arbre met Agar emmi les bois
Son fils pleurant, creingnant le voir mourir.
L'Ange de Dieu, ſuruenant à la voix,
Lui montre l'eau pour l'enfant ſecourir.

GENESE XXII.

Abraham veut ſon cher fils immoler,
Pour accomplir ce que Dieu lui ordonne:
Mais ſur le poinct qu'il le veut decoler,
L'Ange de Dieu ne le lui abandonne.

Au lieu d'Hebron rendit l'ame Sara,
Puis Abraham aquit le monument
De ses deniers, dens lequel l'enterra:
Ne le voulant accepter autrement.

GENESE XXIIII.

Ayant prié le grand Dieu de ſon maitre,
Fut conſolé le ſeruiteur fidele:
Car Dieu lui fit ſortir & apparoitre
Hors de Nachor, Rebecca la pucelle.

Aperceuant son mari à venir,
Se met à pié Rebecca l'amiable:
Se voile außi, car elle veut venir
Deuant son chef comme fille honorable.

Quand Abraham eut mis ordre à ſes biens,
Eſtant fort vieil lui defaillit nature,
Si qu'il mourut entre les mains des ſiens :
Leſquels ſon corps mirent en ſepulture.

De Rebecca, ſont naiz d'une ventree,
Les deux gemeaux Eſaü & Iacob,
Lequel tenoit de ce monde à l'entree
Son frere au pié : naiſſans tous deux acop.

Iacob fut doux & ſimple de nature,
Mais Eſaü, robuſte perſonnage:
Qui lui vendit ſa primogeniture,
A l'appetit d'un petit de potage.

GENESE XXVI.

Isaac va en païs estranger
Auec sa femme, en fuyant la cherté,
Là ou le Roy, pour euiter danger,
Defend à tous leur faire lascheté.

En peu de temps Isaac multiplie,
Tant en grans blez, famille, que troupeaux:
Dont Palestins lui portent telle enuie,
Que dens ses puits troublent toutes les eaus.

GENESE XXVI.

Abimelec voyant Isaac estre
De Dieu aymé, par sa riche abondance,
Force lui est adonq le reconnoitre:
Dont auec lui fait paix & aliance.

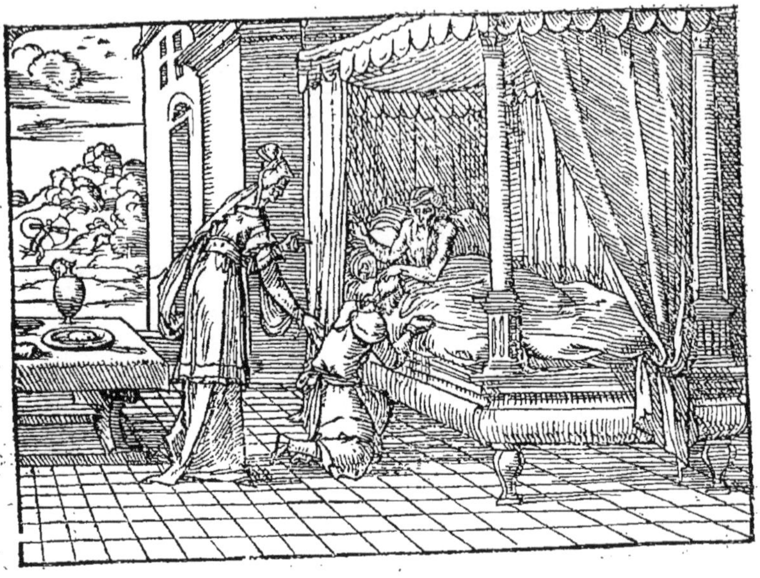

Esaü perd sa benediction,
Par le moyen de Rebecca sa mere:
Qui, conseillant la simulacion,
Fait que Iacob la reçoit de son pere.

Iacob dormant la teste ſur la pierre,
L'Eſchelle void d'amirable grandeur,
Touchant es cieux, depuis en bas ſur terre:
Dieu au deſſus, qui lui promet grand heur.

Rachel menant brebis à l'abruuoir,
Suruint Iacob qui deſcouurit le puits,
Et la baiſa : puis fit ſi bon deuoir,
Quelle & Lya il eſpouſa depuis.

Sterile fut Rachel bien longuement,
Dont à Iacob ſouuent ſe lamenta:
Mais le haut Dieu la mit hors de tourment:
Car ſon cher fils Ioſeph elle enfanta.

GENESE XXXI.

Quand de Laban, ſans bruit, Iacob s'abſente,
Tous ſes faux Dieux lui prend Rachel ſa fille:
Dieu lui defend que Iacob ne tourmente,
Quand il le ſuit pour fouiller ſa famille.

Confiderant leurs anciens difcorz,
Iacob voyant Efaü, fut douteux:
L'Ange inconnu lui luitte corps à corps,
En laffurant, dont depuis fut boiteux.

GENESE XXXIIII.

Tant d'Esaü Iacob creint la querelle
Que grand present lui fait pour l'apaiser:
Mais Dieu permet que l'amour fraternelle,
Se rencontrans les fait entrebaiser.

GENESE XX.

Dina, ſuiuant ſon eſperit volage,
Loing de Iacob ſon pere s'eſlongna:
Dont mal lui print : car Sichem l'empongna
Par tel effort qu'il eut ſon pucelage.

GENESE XXXIIII.

Les freres ont, par leur conclusion,
Promis Dina à Sichem l'oppresseur:
Ce moyennant que circoncision
Reçoiue, auant que d'espouser leur sœur.

GENESE XXXIIII.

Meurtris adonq ſont tous ces Circoncis,
Les puniſſans deux freres de la fille,
Qui, les voyans entierement occis,
Sauuent leur ſœur, & puis la vile on pille.

GENESE XXXV.

Les faux Dieux ſont par Iacob mis ſous terre:
Puis en Bethel adreſſe ſon chemin.
Le mal d'enfant prend Rachel & tant ſerre,
Qu'elle ſe meurt enfantant Benjamin.

GEENSE XXXVII.

Comme Ioſeph à ſes parents recite
Le ſonge ſien, tendant à preference,
Par ce, plus fort ſes freres il irrite,
Ayans la dent deſſus ſon innocence.

Ioſeph allant ſes freres viſiter,
De dire tous ne peuuent s'abſtenir,
(Entreprenans de le perſecuter)
C'eſt le ſongeart que voyez cy venir.

GENESE XXXVII.

Sur ce Ruben, pour de mort le garder,
Ne consent point de souiller sa main pure
De sang humein : &, pour tout retarder,
Fait quil est mis dens la cisterne obscure.

Iudas non plus le tuer n'eſt d'auis,
Ains toutefois de le vendre pretend:
Parquoy le vont aux paſſans vis à vis
Vendre & liurer pour argent tout content.

Iacob voyant la robe à bel ouurage
De ſon cher fils, toute rouge & ſanglante,
Dit (en pleurant) c'eſt la beſte ſauuage
Qui l'a mangé, dangereuſe & meſchante.

Iudas s'en va voir tondre ses Brebis:
Thamar le scet, qui tend à le surprendre,
Se desguisant, se vest de beaux habits,
Et laisse dueil, puis ainsi va l'atendre.

GENESE XXXVIII.

D'un bon Cheureau, Iudas lui fit promesse
Pour l'accoler, dont arres lui laissa:
Lors de Phares (ignorant la finesse)
Et de Zaran, en ce lieu l'engrossa.

De ſon troupeau, vn gras cheureau de lait
Couple Iudas, & puis le lui enuoye,
Cuidant qu'au chams la trouue ſon valet:
Mais elle n'eſt plus en place n'en voye.

Quand Iudas ſcet que Thamar eſt enceinte,
Veut qu'en vn feu en grand' honte elle meure:
Mais elle ainſi, ſes arres par contreinte
Lui remontrant, eſt relaſchee à l'heure.

GENESE XXXIX.

Par les Marchands en Egypte eſt rendu
Ioſeph captif, detenu par enuie:
Lequel ils ont à Phutiphar vendu,
De Pharaon chef de gendarmerie.

GENESE XXXIX.

Joseph prié d'amours par sa maitresse,
Lui contredit, pour ne Dieu courroucer:
Dont elle tost, vsant d'une finesse,
Crie tout haut qu'il la vouloit forcer.

GENESE XXXIX.

Son mari donq entendant le propos
Qu'elle ſoutient (à mourir) veritable,
Comme abusé ne prend aucun repos
Qu'il ne ſoit fait priſonnier miſerable.

GENESE XL.

Deux prisonniers songent la verité:
Car (comme ils ont par Ioseph entendu)
L'un, Sommelier, est mis en liberté,
L'autre, qui est Panetier, est pendu.

GENESE XLI.

Pharaon veut que son songe on expose:
Tous les sauans quil peut finer sur terre
Sen taisent tous, vn seul parler nen ose:
Parquoy Ioseph en prison on va querre.

GENESE XLI.

Iosեph ayant diuine ſapience,
De Pharaon l'obſcur ſonge expoſa:
Parquoy receut de lui toute puiſſance
De gouuerner tout ce qu'il propoſa.

Des grans ioyaux dont Pharaon abonde,
Fait reueſtir Ioſeph, & decorer:
En l'apelant (par nom) Sauueur du monde,
Le fait de tous ſes peuples adorer.

Pour subuenir aux sept ans de famine,
Ioseph, ayant de Dieu la prouidence.
Fit grand amas de blé, & de farine,
Durant le temps des sept ans d'abondance.

Pharaon mit Ioseph en mariage,
Deux beaux enfans il eut tantot apres:
L'un Manasses, sur la fleur de son aage,
L'autre Ephraim qui le suiuit de pres.

GENESE XLI.

Estans passez les sept ans bienheureux,
Et commencez ja les sept de tourment,
Devers Ioseph vient le Peuple paoureux
Voulant de lui acheter du fourment.

Le vieil Iacob voyant faillir ſon pain,
Et qu'aucun blé ne ſe vend qu'en Egypte:
Pour en auoir, ſentant venir la faim:
Y fait aller ſes grans enfans bien viſte.

GENESE XLII.

Deuant Ioseph ses freres sont venus,
L'estimant lors perdu des son absence:
Ce neanmoins par lui sont reconnuz.
Dont leur fait peur & creinte, sa puissance.

D'estre espions sur le champ les accuse:
Eux lui ont dit l'estat de leur maison
Pour l'apaiser : mais à ce ne s'amuse:
Car il leur fait à tous tenir prison.

Puis il retient Simeon pour ostage,
Aux autres neuf fait liberté donner:
Car, voulant voir Benjamin au visage,
Les laisse aller pour le lui amener.

Tout leur argent en vuidant leur fourment
Trouuent apres, dont leur frayeur s'augmente.
Du bon Ioseph Iacob est en tourment,
Pleint Symeon, & Benjamin lamente.

Ioſeph voyant ſes freres reuenir,
Et qu'auec eux lors Benjamin arriue,
Veut ce jour là bien aizes les tenir:
Parquoy leur fait apreſter le conuiue.

Adonq le ſien Maiſtre d'hoſtel ſe peine
De les loger, ſuiuant ſon ordonnance,
Et Symeon au logis leur ameine,
Pour leur montrer de leur creinte aſſurance.

GENESE XLIII.

On voit de Dieu la Iustice aparoistre:
Car de Ioseph les freres il manie
Par tel moyen, que, sans le reconnoistre,
Droit deuant lui chacun d'eux s'humilie.

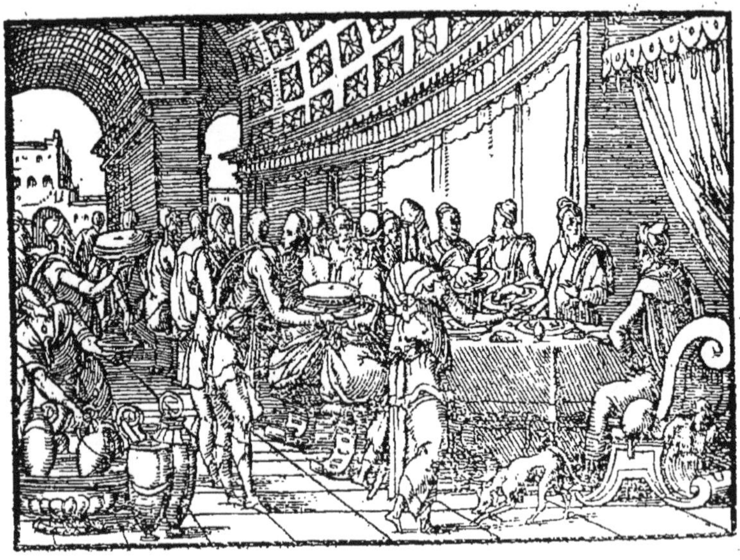

De Benjamin Ioſeph voit l'innocence,
Dont ne ſe peut tenir de larmoyer:
Puis il lui plait ſans autre connoiſſance,
De tresbon cœur ſes freres feſtoyer.

Ioseph leur fait dedens leurs sacs remettre
Encor vn coup leur argent & monnoye,
Et en celui de Benjamin fait mettre
Le sien hanap : & puis les en enuoye.

GENESE XLIIII.

Soudein Ioseph pour leur courir apres,
Fait que le sien maistre d'hostel s'auance:
Lequel, voyant dens leurs sacs tout expres,
De larrecin charge leur ignorance.

GENESE XLIIII.

Comme larrons à Ioseph les ameine,
Qui pour son serf Benjamin veut auoir:
Sur ce Iudas pour le rauoir prend peine.
Ayant promis d'en faire son deuoir.

GENESE XLV.

Aux freres ſiens Ioſeph ſe manifeſte,
Diſant tout haut, C'eſt moy qu'auez vendu:
Ce neanmoins aucun d'eux ne moleſte,
Mais pour le mal, le bien leur ha rendu.

Adonq Ioseph sur chacun deux larmoye,
Les acolant par grand' resiouissance:
Dont Pharaon reçoit plaisir & joye,
Content du bruit de la reconnoissance.

Auant mourir Iſraël ſen va voir
Ioſeph ſon fils qui gouuerne l'Egypte:
Meine ſes gens auec tout ſon auoir,
Pour y finer ſon aage decrepite.

GENESE XLVI.

En son chemin à Dieu fait sacrifice,
Dont l'inuoquant par immolacion,
Dieu lui promet qu'il lui sera propice,
Mesmes au fond d'estrange nacion.

Egypciens, citadins, & champestres,
Vendent leur bien au bon Ioseph loyal,
Pour auoir blez : excepté tous les Prestres,
Qui sont nourris sur le grenier royal.

Des deux enfans de Ioseph, son vieil pere
Fait (en son lit) parfaite adopcion,
Croisant ses mains sus eux par grand mistere:
Puis leur depart sa benediccion.

Ses douze enfans Iſraël fit venir,
Pour leur donner ſa benediccion
Auant mourir : & leur tems à venir
Leur reuela, par ſa prediccion.

Droit en Ebron Ioſeph le corps conduit
Du treſpaßé, pour lenſepulturer,
Comme l'auoit le bon Iacob induit
Encor viuant, le faiſant adjurer.

Ioſeph caduq, tous ſes freres conſole,
De Dieu viuant la promeſſe recite:
Tantot apres ſa bonne ame s'enuole:
Puis eſt ſon corps enchaſſé en Egypte.

Prologue.

Exode en Grec eſt autant à dire comme à nous ſortie: & eſt ainſi nommé,pource qu'en icelui eſt deſcrit comment le Peuple d'Iſraël ſortis d'Egypte, & paſſa la mer rouge (icelle s'eſtant ſeparee comme en deux montagnes & ayant laiſsé le paſſage ſec aux Iſraëlites, & remiſe en ſon premier eſtre quand ceux qui les ſuiuoient furent entrez dedens) & puis chemina par les deſerts, ou Dieu par ſa diuine miſericorde (de laquelle il vſe enuers ceux qui l'ont pour leur Dieu) tousjours le reput. Sortit toutefois d'Egypte apres auoir enduré beaucoup de maux, & quaſi inſuportables, du miſerable Tyran Pharaon : leſquels il enduta pour punicion des pechez de ſes peres qui n'auoient pas cheminé par la voye du Seigneur,ains en eſtoient foruoyez : deſquels eſtoient les filz de Iacob, qui auoient vendu leur frere Ioſeph, & mis leur pere en extreme angoiſſe pour la perte de ſon enfant.

EXODE I.

Un Pharaon, de Ioſeph ignorant,
Fit Iſraël de peine tourmenter
Pour le meurtrir : mais Dieu le ſecourant
De plus en plus le fit lors augmenter.

Dont par despit commande aux ſages femmes
De mettre à mort les fils à leur naiſſance:
Ce que ne font ces vertueuſes dames:
Car par pitié ne leur font point nuiſance.

EXODE I.

Lors Pharaon rempli d'impatience
Par vn edit commande de noyer
Tout enfant masle : & pour leur innocence
Ne cesse lors Israël larmoyer.

La mere estant de Moïse acouchee,
Son pere vn temps le recela chez soy
Pour sa beauté : puis dens vne jonchee
Le mit en l'eau, creingnant l'edit du Roy.

EXODE II.

De Pharaon la fille en s'esbatant
Vid adherant es joncs vne nasselle:
Dedens laquelle estoit vn bel enfant,
Qui l'adoptant le fit nourrir pour elle.

Voyant Moïse vn homme Egypcien
Faire grand tort, & cas insuportable
A vn Ebrieu, le chastia si bien,
Qu'il le tua & l'enfouit au sable,

Deux des Ebrieux ſe batans par outrage,
Moïſe veut du malſait les reprendre:
Mais l'agreſſeur lui remet au viſage,
S'il veut ſur lui autre meurtre entreprendre.

Moïse estant persecuté du Prince,
Creint le danger de sa fureur presente:
Parquoy s'enfuit tout droit en la prouince
De Madian, & d'Egypte s'absente.

Pour abreuuer les troupeaux de bon heur,
Droit vers le puits les ſept filles s'adreſſent:
Se trouuant là Moïſe homme d'honneur
Dechaſſe loing Bergers qui les oppreſſent.

EXODE II.

Ietro ſachant qu'on auoit defendu
Ses filles, lors manda le perſonnage:
Puis le voyant ſage & bien entendu,
Lui en donna l'une en ſaint mariage.

EXODE II.

La mort ayant vaincu le Roy d'Egypte,
Tout Iſraël rompu d'affliccion
Prie ſon Dieu : & par ſes pleurs l'excite
A en auoir grande compaßion.

EXODE III.

En feu flambant dedens l'incombustible
Buiſſon d'Oreb, Dieu ſe montre à Moïſe,
Lui declairant par voix intelligible
Le contenu de ſa ſainte entrepriſe.

Moïſe eſt fait d'Iſraël capiteine,
Dieu par ſes mains veut montrer ſon grand euure:
Lui permettant par puiſſance hauteine
De transmuer ſa verge en vn Coleuure.

EXODE III.

L'Esprit de Dieu qui les bons acompagne,
Guide Aaron & Moïse son frere:
Dont rencontrer se vont en la montagne
Pour deuiser de ce qu'il leur faut faire.

EXODE IIII.

A Israël les deux freres germains
Sont paruenuz, pour montrer le moyen
Et assurer comme Dieu par leurs mains
Lui veut leuer le joug Egypcien.

EXODE V.

Pour Iſraël de ſes maux releuer,
Sont Aaron & ſon frere Moïſe,
Prians le Roy de plus ne le greuer:
Mais de Plus fort le bat & tiranniſe.

EXODE VII.

Lors d'Aaron la verge ſe tranſmue
En vn ſerpent, qui de tous Enchanteurs
Vient deuorer les verges en leur vuë,
Les montrant ſaux de Dieu imitateurs.

Mais Pharaon tenant ſon cœur, meſpriſe
Ce qu'Aaron & Moïſe lui dirent:
Parquoy, à fin que de ſon mal s'auiſe,
Toutes ſes eaux en pur ſang conuertirent.

EXODE VII.

Un verre d'eau en Egypte on ne trouue:
Egypciens de toutes parts fouissent
Pour en trouuer : creusent au long du fleuue
Pour refreschir la soif dont ils languissent.

Nombre infini de Grenouilles fascheuses
Vient Pharaon & l'Egypte vexer,
Dieu lui montrant ses verges rigoureuses.
Quand il ne veut son saint peuple laisser.

EXODE VIII.

Pharaon ſait au grand Dieu recourir,
Tant eſt marri de ſe voir infeſter:
Puis quand il voir les Grenouilles mourir,
Ne ceſſe point d'Iſraël moleſter.

EXODE VIII.

Mouchons chenins, legers, drus & espars,
Dieu fait leuer de la poudre, & venir
Pour Pharaon piquer de toutes parts,
Lequel ne veut sa promesse tenir.

EXODE VIII.

Lors Pharaon on voit pleindre & douloir
Enuelopé de tant de mouches drues:
Mais d'Iſraël accordant le vouloir
Moïſe adonq les rend toutes perdues.

I

EXODE XI.

Comme deuant Iſraël ha des maux,
Car Pharaon permet qu'on le moleſte:
Parquoy Dieu veut que tous gros animaux
De ſes païs meurent ſoudein de peſte.

EXODE XI.

Ce nonobstant Pharaon ses iniures
Continuant, rompt foy, paix & accords:
D'ulceres donq, vessies & enflures,
Lui & ses gens pullulent tous leurs corps.

EXODE IX.

Par tel torment ne ſe veut eſmouuoir
Ce Roy cruel, & liberté n'otroye
A Iſraël, dont du Ciel va pleuuoir
Tempeſte & feu qui tout aux chams foudroye.

EXODE IX.

L'obstiné Roy adoucit son courage,
Si que paoureux à Moïse s'encline:
Qui sur ce, fait cesser gresle & orage,
En appaisant la grand' fureur diuine.

EXODE X.

De Pharaon le gros cœur s'humilie,
Dont pour toujours à bien mieux l'exhorter,
Moïſe fait la vermine infinie
De Sautereaux, par le vent emporter.

Dieu, pour punir Pharaon qui l'irrite,
Quand il ne veut cesser d'estre oppresseur,
Remplit si fort de tenebres l'Egypte
Que manier on en peut l'espesseur.

EXODE XII.

Mengeans l'Agneau (ainsi qu'on leur fait faire)
Les bons Ebrieux obseruent l'ordonnance
De Dieu qui veut, qne par ce saint mistere,
Posterieurs n'ignorent sa vengeance.

Tous premiers naiz, tant d'hommes que de bestes,
Sont mis à mort par l'Ange destructeur:
Mais les Ebrieux sont alors sans molestes,
Qui ont fiance en Dieu leur protecteur.

EXODE XII.

A Israël Dieu ottroya la grace
D'auoir de prests de leurs voisins d'Egypte
Tous leurs joyaux : pour, par ceste fallace,
Les despouiller selon leur demerite.

EXODE XIII.

Moïse à Dieu premiers naiz ſantifie:
Mais de beſtail fait immolacion,
Qui ſang humein rachette & purifie,
Selon que Dieu en fait l'injonccion.

Tous les enfans d'Israël sont sortis
Pour s'en aller d'Egypte, sont aux chams,
Portans les os de Ioseph assortis,
S'en vont armez auec glaiues trenchans.

EXODE XIII.

Dieu va deuant en Colonne de nue,
Pour des Ebrieux le chemin adresser,
Si à propos qu'ils n'en perdent la vuë:
Car point errer il ne les veut laisser,

Egypciens par mort ſont bien rengez,
Car ſur le bord de la mer rouge giſent:
Dont les Ebrieux, leſquels en ſont vengez,
Mercians Dieu vn beau Cantique diſent.

EXODE XV.

Marie ſeur d'Aaron & Moïſe
D'un tabourin commença à jouer,
Les femmes donq furent de l'entrepriſe
Pour d'un accord le ſigneur Dieu louer.

EXODE XV.

A Iſraël Dieu fit tant de faueur,
Que de Mara l'eau amere à gouter,
Lui fit tourner en bien douce ſaueur,
Par vn ſeul bois que dedens fit bouter.

Au lieu d'Elim, ou de la veine viue
Fluent tousjours les fonteines plaiſantes,
Tout Iſraël pour ſe camper, arriue,
Là ou il voit des Palmes verdoyantes.

Quand Israel commence à endurer
La faim en Sin, se tourmente & despite,
Tant que bien fort se prent à murmurer,
En regrettant les bons morceaux d'Egypte.

Sur tout le camp, loges & chapitailles
Des bons Ebrieux leur puissant Dieu & maitre,
Fit arriuer vn grand nombre de Cailles:
Lui agreant de ce bien les repaitre.

EXODE XVI.

De Dieu viuant le pouuoir manifeste
Dens les deserts nourrit les bons Ebrieux,
De l'aliment & viande celeste,
Qui est le pain de la Manne des Cieux.

Garder ne doit l'Ebrieu Manne ordinaire
Iusqu'au matin, dit le Legislateur,
Ce neanmoins en faisant le contraire
La trouue en vers, ordure & puanteur.

EXODE XVI.

Santifié fut le ſeptieme jour
Du Createur auquel ſe repoſa:
Son peuple donq n'y fit rien que ſejour,
Sabbatizant comme il lui propoſa.

Aaron mit la Manne au Tabernacle,
Pour eſtre ainſi à l'auenir montree,
Repreſentant comme Dieu, par miracle,
Nourrit les ſiens en deſerte contree.

EXODE XVII.

En Raphidim lieu fort ſec s'eſt campé
Tout Iſrael: ou murmure & estriue:
Mais du dur Roc, que Moïſe ha frappé
Dieu fait ſaillir abondance d'eau viue.

Contre Israël Amalec combatoit,
Mais du combat n'en emporta la gloire:
Car auenant que Moïse esleuoit
Ses mains en haut, Israël eut victoire.

Iethro s'en va au desert voir Moïse,
Qui le reçoit, comme bien le merite:
Puis du mauuais Pharaon lui deuise,
Et comme Dieu les ha tirez d'Egypte.

EXODE XVIII.

Moïſe entend tout Iſraël plaider,
Dequoy Iethro, esbahi de ſes peines,
Lui fait creer, pour en ce lui ayder,
Bons & loyaux Iuges & Capiteines.

EXODE XIX.

Tout Israël se campe en la campagne
Pres de Sina, duquel lieu veut aller
Moïse seul monter sur la montagne,
Pour au grand Dieu, qui l'appelle, parler.

EXODE XIX.

A ſon retour Moïſe au peuple annonce
Qu'il faut de Dieu garder toute ordonnance:
Comme il lui plait Iſraël fait reſponſe,
Qu'il eſt tout preſt lui rendre obeiſſance.

Trois jours auant que Dieu ſe manifeſte
A Iſraël, commande ſoy tenir
Loing de Sina (tant l'homme que la beſte)
Lauer habits, de femme s'abſtenir.

EXODE XIX.

Bruit & esclairs Israël entendit,
Trompe sonner, & montagne fumeuse,
Quand Dieu en feu sur Sina descendit
Pour publier sa loy lors rigoureuse.

De Dieu viuant Israël ne tient conte,
Disant, Moise au mont trop demourer:
Dont en Oreb esleue vn Veau de fonte,
Qu'il tient pour Dieu, & le vient adorer.

Deuant ce Veau eſt l'ofrande immolee
Par Iſraël, qui ſon vray Dieu oublie:
Ainſi ſa foy treſſainte eſt violee
Legerement par ſon idolatrie.

EXODE XXXII.

N'estant donq plus aucunement recorz
De Dieu, adonq n'a point d'autre desir
Que gourmander, & dancer : car le corps
Maugré raison veut viure à son plaisir.

Moïſe voit qu'Iſraël ſe corrompt,
Et qu'à ſon Dieu ſolement fait outrage,
Dont par regret les Tables briſe & rompt
De la Loy ſainte & ſacré teſmoignage.

EXODE XXXII.

Puis d'Israel il fit bruler le Veau,
Lequel apres lui fut force de boire,
Pulverisé & dissoult dens de l'eau,
Pour du peché avaller la memoire.

Ceux de Leui ſe joingnent à Moïſe,
Puis d'Iſraël vn grand nombre maſſacrent,
Pour s'en venger Dieu fait telle entrepriſe,
Ainſi leurs mains purifient & ſacrent.

Dieu ayant vû Israël se souiller
D'idolatrie, en adorant le Veau,
Tout ornement lui fit lors despouiller
En l'appelant Peuple de dur cerueau.

Au Tabernacle estant entré Moïse
Dieu parle à lui en Colonne de nue,
Dont d'Israël la grand' tourbe rassise,
L'adore ayant du mistere la vuë.

Moïſe veut voir de ſon Dieu la face,
Mais il ne peut en vie eſtant humein:
Quand donq de Dieu la ſainte gloire paſſe,
Le vient couurir ce pendant de ſa main.

EXODE XXXIIII.

Auecques Dieu consomme (à jun) Moïse
Quarante nuits, aussi quarante jours:
Puis est la Loy en deux Tables remise,
Laquelle faut bien obseruer toujours.

Moïſe eſtant de Sina retourné,
Il ignoroit ſa face eſtre cornue:
Dont Iſraël, qui en fut eſtonné,
Ne s'approchoit de lui à ſa venue.

EXODE XXXIIII.

Quand aux Ebrieux lors Moïſe parloit,
Leur declairant tout ſaint commandement
Du Createur, la face ſe voiloit,
Car l'eſcouter ne pouuoient autrement.

Pour fabriquer l'euure du Sainctuaire
L'obeïssant peuple religieux,
Offre grans biens pour le richement faire:
Qui sont exquis propres & precieux.

EXODE XXXVI. & XXV.

Il eſt parfait de fine broderie,
Sur grans pilliers par art bien meſurez:
A cercles d'or pend la tapiſſerie,
D'orfraiz diuers tous les pans figurez.

EXODE XXXVI. & XXV.

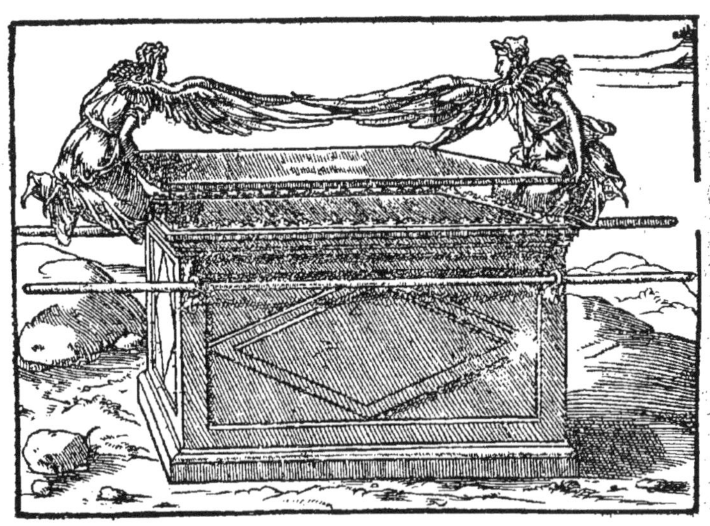

L'Oracle est fait, ainsi que Dieu l'ordonne,
A Cherubins d'un excellent ouurage,
L'Arche dessouz ceinte d'une couronne
Pour y bouter la Loy de tesmoignage.

EXO.DE XXXVII. & XXV.

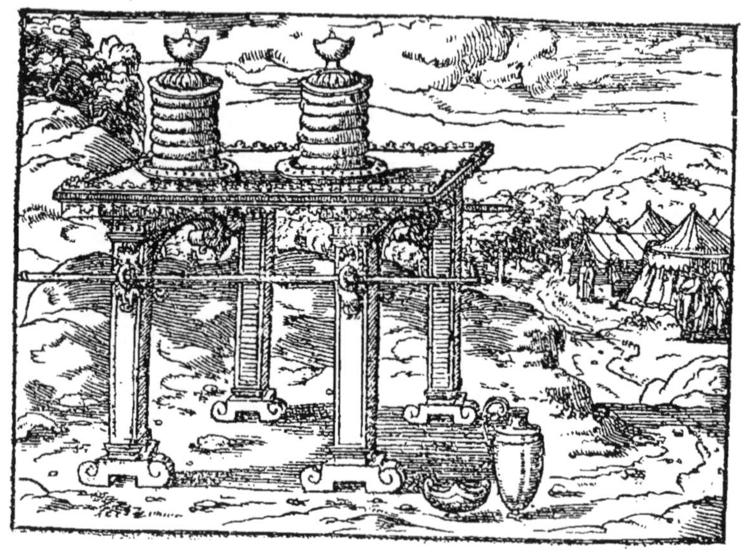

De mesmes sont les Vases, & la Table
Ou sont les Pains de proposicion,
Selon que Dieu de l'ouurage admirable
Par les menus fait declaracion.

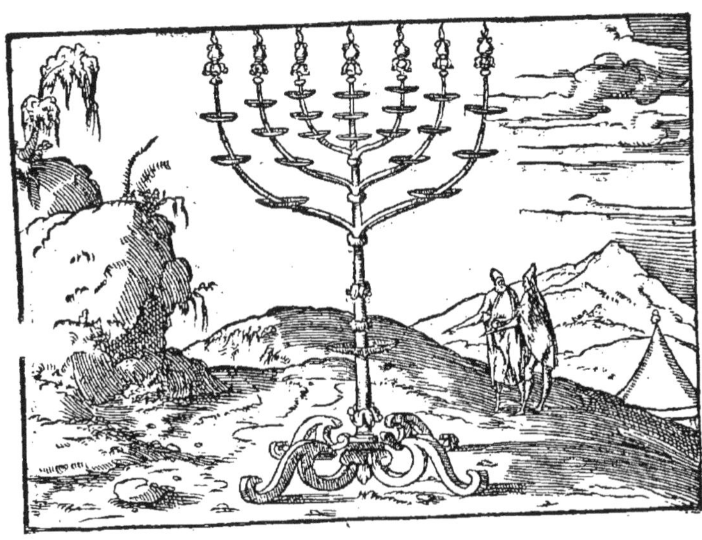

Le Chandelier de pur or on erige
Pour esclairer dedens le Sainctuaire,
Lequel ayant six rameaux & la tyge,
Sept grans flambeaux soustient pour luminaire.

L'Autel eſt fait d'ouurages aſſortis,
Ou lon faiſoit perſumigacion
De precieux perfums aromatiqs,
Selon de Dieu la compoſicion.

Un autre Autel estoit du Sacrifice
Couuert d'arcin en platines legeres,
Fourni de tout ce qui estoit propice
Comme de Gril, Trecaises & Chaudieres.

Aaron fut de Dieu eslu grand Prestre,
Et ses enfans, pour le saint ministere:
Puis acoutrez saintement les fit estre,
Pour celebrer leur office ordinaire.

EXODE XL.

Moïse fait la consecration
Du Sainctuaire, & tout son ornement:
D'huile sacré fait la sainte onction,
Car c'est de Dieu expres commandement.

EXODE XL.

Estant parfait du Sainctuaire l'euure,
La magesté de Dieu lors y esclaire
Par tout dedens, & par dehors le cœuure
Le jour durant d'une Nue ordinaire.

EXODE XL.

Le jour paßé, la Nuee ſe mue
En feu luiſant & lumiere tresbelle,
Qui ſans faillir la nuit eſtant venue
Sur le ſaint lieu allume & eſtincelle.

EXODE XLI.

Quand Iſraël voit eſlongner la Nue,
Soudeinement de partir il s'appreſte
Pour la ſuiuir : & quand plus ne remue
Se campe toſt, & en ce lieu s'arreſte.

SONNET.

Pour s'aprocher du grand Dieu de lumiere,
Moïse fut en face si luisant,
Que sa lueur, fut tant forte & nuisant
A Israël, qu'il s'en tiroit arriere.
Moïse ainsi regardant sa maniere,
Pour lui ayder à ce qu'il pust voir l'air,
Fut lors d'auis de sa face voiler:
Obscurcissant sa lueur estrangere,
Cette lueur, c'est la sainte escriture:
Et le regard d'Israël nous figure
Le corps charnel, qui n'en voit que la toile.
Parquoy Chrestien, d'esprit ouures les yeux,
Pour contempler la parole des Cieux
Et tu verras Moïse sans son voile.

Vn feu venant de Dieu des cieux grand' erre,
Le ſacrifice entierement deuore:
Dont Iſraël ſe proſternant en terre,
Loue ſon Dieu qu'il redoute & adore.

Nadab auec Abiu feu estrange
Au Signeur Dieu, contre son vouloir, offrent,
Dont est marri, & sur le champ s'en venge,
Car dure mort par feu celeste souffrent.

Leurs deux corps morts (treshorrible ſpectacle)
Moïſe fait par hommes diligens
Cetter du camp, loing du ſaint Tabernacle:
Pour ainſi eſtre exemple à toutes gens.

Moïse fait lapider vn jeune homme
Par bons tesmoins prouué blasphemateur:
Loing de son camp tout le Peuple l'assomme,
Pour maintenir la Loy du Createur.

DEVTERON. XXXIIII.

Dieu montre adonq au Prophete Moïse,
L'auertissant ne viure d'auantage:
Tous les quantons de la terre promise
Qu'il voit du mont Nebo en païsage.

En Hierico terre riche & prisee,
Deux espions d'Israël sont allez:
Ou de Raab femme bien auisee,
Sont en amis reçuz & recelez.

Pour Israël tirer hors de seruage,
Dieu suscita Aod homme de cœur:
Lequel occit Eglon gras de corsage,
Puis bataillant de Moab fut veinqueur.

Durant vingt ans Siſare l'agreſſeur
Fort Iſraël perſecute & moleſte:
Mais, ſe muſſant & penſant eſtre ſeur,
Iahel lui vint d'un clou percer la teſte.

Quand Gedeon connut au long des eaux
Trois cents des ſiens hardis, les voyant boire,
Leur mit en mains trompettes & flambeaux:
Ainſi obtint ſus ennemis victoire.

Ayant tué ses freres sur la pierre
Abimelec, fut contreint rendre l'ame:
Car aßiegeant Thebes par dure guerre
Receut vn coup rué par vne femme.

IVGES XV.

A des Renards Sanſon fort attacha
Fagots ardens, dont furent bien troublez
Les Philiſtins, meſmes qu'il les laſcha
Par vn moyen qu'ils gatterent leurs blez.

Mile hommes ſont tuez de la maſchoire
D'un Aſne mort, par Sanſon : qui d'icelle
Voit ſortir eau : dont il ſe prent à boire,
Quand Dieu puiſſant à ſon ſecours appelle.

Pour blez glener Ruth au champ ſe tranſporte:
Ou la voyant Booz entre les ſiens,
La fait nourrir, & veut qu'on la comporte:
L'espouſe & fait maitreſſe de ſes biens.

Quand l'eſperit malin entroit au corps
Du Roy Saül, pour le fort tourmenter,
Dauid jouant d'inſtrument par accords,
Diuinement le faiſoit abſenter.

Michol creingnant que Dauid on ne tue,
Le feint au lit languir de maladie:
Donq, y couchant vne Image velue,
Cuide changer du Roy la fantasie.

Dauid ne veut de ſon Roy ſe venger,
Combien qu'il ſoit du tout en ſa puiſſance:
Tant ſeulement du precedent danger,
Ou s'eſt trouué, lui fait la remontrance.

I. ROIS XXXI.

Saül voyant ses trois Enfans meurtris,
Ses Combatans & Bataille perdue,
Soy fort blecé, se doubte d'estre pris:
Parquoy soudein piteusement se tue.

Amnon força Thamar ſa propre ſeur,
Dont, Abſalon pour le fait deteſtable,
Fit vn Feſtin : ou eſtant l'oppreſſeur,
Le fit tuer par ſes ſerfs à ſa table.

II. ROIS XVII.

De traïſon le faux propos ouurit
Achitofel, pour Dauid faire prendre
Par Abſalon : mais tout ſe deſcouurit,
Dont de grand peur le Traytre s'alla pendre.

A Abſalon le meſſait eſt rendu:
Car Dieu permet par diuine vengeance,
Que demeurant par les cheueux pendu,
Ioab le ſait mourir à coups de lance.

II. ROIS XX.

Ioab deuant la Vile & fort d'Abele,
Les habitans lors ſomme & amonneſte,
De lui liurer Siba faux & rebelle,
Duquel adonq lui ont getté la teſte.

Salomon ſcet Ioab eſtre infidele:
Dont courroucé commande de ſa bouche
Qu'il ſoit meurtri tantot de mort cruelle,
Nonobſtant que le ſaint Autel il touche.

La Royne vient de Saba faire espreuue
De Salomon en son diuin sauoir:
Dont l'entendant, admirable le treuue,
Parquoy lui fait presens de grand auoir.

Obeïssant à l'homme plus qu'à Dieu
Repeut son corps en Bethel vn Prophete:
Dont en chemin, au partir de ce lieu,
Fut mis à mort d'une cruelle beste.

Le ſiege eſtant deuant Therſe poſé,
Zamri ne ſcet ou ſe ſauue ou recule:
Car nul aſſaut endurer n'a oſé.
Parquoy de peur au grand palais ſe brule.

En celui temps que ſur terre il ne plut
Dens le Torrent de Carith beut Helie,
Par des Corbeaux, ainſi qu'à Dieu il pluſt,
Lui fut porté pain & chair pour ſa vie.

En priant Dieu resuscita Helie
Diuinement l'enfant de son hostesse:
Elle, voyant son enfant estre en vie,
Helie adonq estre homme saint confesse.

Aux grans Deserts Helie voit vn Ange,
Lui enseignant eaü & pain en ce lieu:
Par la vertu duquel, comme il en mange,
Paruient au haut d'Oreb, le Mont de Dieu.

Helisee ha le Peuple consolé,
Quand il ha vù par faim souffrir moleste:
De peu de Pain s'est trouué bien saoulé,
Si que croissant en y ha eu de reste.

Les Syriens Helisee mena
Tous aueuglez de Dieu dens Samarie:
Puis y voyans, comme Dieu l'ordonna,
Furent laschez sans leur oster la vie.

Iehu voyant Iezabel la cruelle
A la fenestre en brauade essoree,
Du haut en bas fit ruër le corps d'elle:
Puis en ce poinct des chiens fut deuoree.

Dens le tombeau d'Helisee on coucha,
Pour l'enterrer, vn homme mort tout froit:
Qui, comme aux os du Prophete il toucha,
Reuesquit tot en se leuant tout droit.

Israël est captif en Assyrie:
Mais les Meschans, qui n'ont à Dieu recours,
Sus Israël occupans Samarie,
Sont mis à mort par Lyons sans secours.

Aßyriens cuidans par leurs grans faicts
Ierusalem forcer de bras hostile,
Furent rompus par l'Ange, außi deffaits,
En en tuant centoctantecinq mile.

Des Bons Ebrieux le grand perſecuteur
Sennacherib, adorant ſon Idole,
Fut mis à mort ſans autre executeur
Que ſes enfans, tirez en monopole.

Ezechias malade langoreux
Fut auerti de mort par Esaie:
Lors pria Dieu de bon cœur,tout paoureux,
Qu'il le guerit,& prolongea sa vie.

IIII. ROIS XXII.

La ſainte Loy au liure conſeruee,
Lue eſt deuant Ioſias Roy puiſſant:
Qui veut de fait qu'elle ſoit obſeruee,
Tant il ſe rend à Dieu obeïſſant.

Ierusalem tout bon heur abandonne,
Le Peuple meurt, son Roy est enchainé
Pour ses pechez : iusques en Babilone,
Sedechias est pris & emmené.

II. PARALIP. XX.

Les malheureux qui s'estoient marchez
Contre Iuda, sont prosternez en voye:
Car Dieu permet qu'ils se sont detrenchez
Dont Iosaphat en emporte la proye.

Le ſaint Eſprit conduiſant Zacharie,
Reprint Iuda de faire à Dieu offenſe:
Mais Ioas Roy, quoy qu'il fiſt grand' folie,
Le fit mourir par ſon outrecuidance.

II. PARALIP. XXIIII.

Contre Ioas ſes ſeruiteurs s'eſleuent,
Le ſurprenans en ſon lit eſtendu:
Frappans deſſus, iuſques à mort l'acheuent,
Dieu permetant, qu'ainſi lui ſoit rendu.

II. ESDRAS IIII.

Le Peuple ſaint, pour reſtaurer ſauance
Ieruſalem, &, ſans point ſejourner,
Tient d'une main ſon eſpee en defenſe,
De l'autre fait deuoir de maçonner.

Quoy que meſchans tinſſent captif Tobie,
Ce neanmoins de ſon Dieu ſe recorde
Si ardamment, que jamais il n'oublie
D'euures montrer de grand' miſericorde,

P

TOBIE VI.

L'Enfant Tobie empongne fermement
Le gros Poisson, & le met en seurté:
Puis le vuidant demande sagement
A Raphaël de sa proprieté.

Tobie met du Poisson la coree
Sur les charbons, & puis en Dieu s'asseure:
Dont ha Sara pour sa femme honoree,
L'Ange liant l'ennemi de nature.

TOBIE XI.

Resjouiſſant ſon bon Pere tres viel,
Diuinement Tobie à ſa venue
Lui tint vn temps deſſus les yeux du fiel
De ſon Poiſſon, dont lui reuient la vuë.

Holophernes de Iudith fut espris,
Mais elle adonq chastia sa folie:
Car comme il fut de vin plein & surpris,
En le tuant deliura Bethulie.

Hester estant d'Assuere approchee,
Sauua de mort le Peuple Iudaïque:
Fit pendre Aman : qui vouloit Mardochee
Mettre au gibet, auquel mourut l'inique.

IOB II.

Quoy que Satan, ayant de Dieu licence,
Eut frappé Iob d'extreme affliccion:
Ce neanmoins ſa grande patience
Fit apparoir de ſa perfection.

EZECHIEL XXXVII.

Ezechiel vid au champ estendus
Grand nombre d'os, qui en sa profecie
Se furent tot l'un à l'autre rendus,
Conjoints de nerfs, pleins de chair & de vie.

DANIEL III.

Les trois enfans n'adorent point l'Idole:
Dont sont gettez tous vifs en la fournaise:
L'Ange y descend, que feu ne les affole,
Gettant dehors & la flamme & la braize.

Balthaſar voit vne main (qu'il contemple)
Sur la paroy eſcriuant ſon malheur:
Car ce qu'il boit aux ſaints vaſes du Temple
Lui perd acoup ſon regne en grand' douleur.

DANIEL XIIII.

Le grand Dragon que Babilone adore,
Tantot eſt bien de Daniel trouué:
Car lui gettant vn morceau qu'il deuore,
Meurt de ce pas & demeure creué.

DANIEL XIIII.

Daniel eſt d'auec Lyons tiré,
Dieu permettant qu'il n'en reçoit outrage:
Ses ennemis, au courage empiré,
Sont en ſon lieu deuorez par grand' rage.

IONAS I.

Ionas cuidant de ſon Dieu ſe cacher
Eſtant ſur mer, aduint telle tourmente,
Que Mariniers le vont dedens laſcher:
Dont s'adoucit l'onde trop violente.

IONAS II. & III.

Trois iours & nuits, en son corps la Baleine
Retient Ionas, & puis le gette à riue:
Là ou de Dieu entend la voix certeine,
Lui commandant de prescher en Niniue.

IONAS III.

Criant Ionas que Dieu veut ſubuertir
Niniue, adonq en faiſans penitence,
Roy & ſugetz on voit ſe conuertir
A Dieu puiſſant qui retient ſa vengeance.

Q

Merueilleuse est la grand' punicion
Qui vient du Ciel, fraper Heliodore,
Quand de piller il prend commiſsion
Tout le Treſor, qui le Temple decore.

II. MACHAB. VII.

Sept freres ſont punis de mort amere,
Tenans la Loy de Dieu ſainte & propice:
Si eſt auſsi leur chere & ſainte mere,
Qui priant Dieu les anime au ſuplice.

Q 2

FIN.

ART
ENN
SODIEV

www.ingramcontent.com/pod-product-compliance
Ingram Content Group UK Ltd.
Pitfield, Milton Keynes, MK11 3LW, UK
UKHW022054260726
13993UKWH00001B/117